¿Hablan los elefantes?

EDICIÓN PATHFINDER

Por Peter Winkler

CONTENIDO

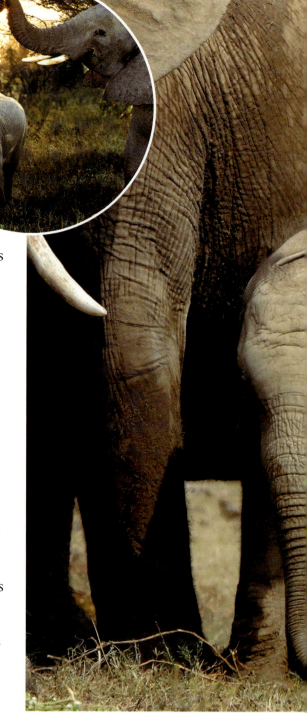

▶ **Reunión familiar**
Cuando acecha el peligro, los adultos se amontonan cerca de sus crías para protegerlas.

▼ **Narices ruidosas.**
Con más de 50.000 músculos, la trompa de un elefante cumple la función de brazos, manos y dedos.

edientos y muertos de calor, 12 elefantes recorren lentamente el sofocante paisaje africano. El abrevadero ahora queda a menos de una milla, y cada integrante de la **manada** espera ansioso beber larga y plácidamente. Cansadas, las **crías** quieren detenerse, pero las mamás y las tías las empujan a seguir. Los animales más viejos emiten sonidos suaves, tranquilizadores. "Ya casi llegamos", parecen decir. "Sigan caminando".

De repente, todos se detienen. Las enormes orejas se extienden como platos satelitales. Luego de un minuto o dos de aparente silencio, los animales giran y se alejan del abrevadero, rápidamente. Mientras marchan, los adultos se aprietan contra sus crías.

Pero, ¿qué sucedió? ¿Por qué cambiaron su rumbo los elefantes? Aparentemente escucharon algo. ¡Fuera lo que fuera, les indicó que debían huir! Pero los oídos humanos no oyeron nada.

Los elefantes emiten muchos sonidos que los seres humanos no podemos oír, como ladridos, bufidos, rugidos y llamados con la trompa. A menudo, la manada usa esos sonidos para hablar con otros elefantes. Pero no se oía nada en ese momento.

SEGUNDA LENGUA

Durante años, los elefantes confundieron a sus observadores con esta clase de comportamiento. Pero los científicos resolvieron el misterio. Descubrieron que los elefantes tienen un idioma "secreto" para comunicarse cuando se encuentran a grandes distancias. Esta forma especial de hablar se basa en el **infrasonido**, sonidos de tan bajo **tono** que los seres humanos no podemos oírlos. Los sonidos pueden viajar muchas millas, permitiendo que estos animales de seis toneladas se mantengan conectados en todo el territorio de praderas y selvas de África o Asia.

Para estudiar los infrasonidos de los elefantes, los investigadores usan equipos especiales que pueden grabar ondas de sonido de bajo tono. Otra máquina, llamada **espectrógrafo**, traduce las ondas de sonido grabadas en imágenes o en manchas que nosotros podemos ver. Las imágenes representan distintos mensajes.

¿Hablan los ELEFANTES?

Los animales terrestres más grandes tienen mucho que decir – aun cuando no parecen estar emitiendo sonido alguno.

TEXTO POR PETER WINKLER

Traducir los infrasonidos ayuda a los científicos a comenzar a entender el comportamiento de los elefantes. Por ejemplo, es posible que los elefantes que iban hacia el abrevadero hayan escuchado llamados de advertencia de otra manada. Tal vez había un león bebiendo y buscando alimento. El felino no hubiese sido un peligro para un elefante adulto, pero podía matar a una cría. No existe agua que justifique ese riesgo, así que la manada cambió de rumbo.

▲ **¿Se avecina un problema?**
A veces, los leones atacan a las crías de elefantes, así que posiblemente este elefante avise a las manadas que deben mantenerse lejos.

Gran apetito.
Un elefante adulto puede devorar 300 libras de hojas y pasto en un día.

LLAMADAS DE LARGA DISTANCIA

Los elefantes usan infrasonidos para comunicar distintos tipos de mensajes a larga distancia. Algunas de sus conversaciones ayudan a mantener unidas a las familias. Para entender cómo funciona, debes aprender un poco más sobre las familias de elefantes.

Las hembras pasan sus vidas con sus madres, hermanas y niños. Forman manadas muy unidas de entre 10 y 20 miembros. La elefanta hembra más vieja, la **matriarca**, está a cargo. Los machos viven con una manada hasta que son adolescentes. Luego se marchan. Viven solos o se juntan con otros machos en una "manada de solteros".

Los miembros de una manada con frecuencia se dispersan en grandes zonas para buscar alimentos para sus enormes apetitos. (¡Un elefante adulto puede comer 300 libras de pasto y plantas en un día!) Las llamadas de larga distancia les permiten saber dónde están sus familiares. Y cuando la matriarca dice, "¡Vengan aquí!" la manada se reúne en pocos minutos.

Igual que los gatitos curiosos, las crías de elefantes a veces salen a dar un paseo y se meten en problemas. Cuando esto ocurre, lloran pidiendo ayuda. Los adultos responden con llamados de infrasonido y con otros ruidos: "Tranquilo. Ya vamos a ayudarte".

Los adultos machos y hembras suelen vivir muy separados, así que usan infrasonidos para encontrarse en la época de apareamiento. Las hembras se aparean solo una vez cada cuatro años aproximadamente. Cuando la hembra está preparada, realiza una serie de llamados especiales. Los machos que escuchan los llamados acuden rápidamente a su encuentro. A veces, dos o más machos luchan ferozmente para ganarse la oportunidad de cortejar a la hembra.

Un saludo al estilo elefante.
Juguetones y sociables, los pequeños elefantes juegan a pelearse. Sus pieles lodosas los mantienen aislados del calor y de las moscas.

AUDÍFONOS

Los elefantes sintonizan todas las charlas con sus grandes y poderosas orejas. Las orejas de un elefante africano pueden crecer hasta los seis pies de largo y cuatro de ancho. (Los elefantes asiáticos tienen orejas mucho más pequeñas.) Cuando las extienden para escuchar algo, el animal se inclina hacia el sonido y abre bien sus orejas.

Al mismo tiempo, el elefante puede levantar su trompa para olfatear el viento. Los elefantes tienen un sentido del olfato muy agudo. Los olores pueden ayudarlos a descifrar lo que están escuchando.

Es posible que los elefantes tengan una manera más de comprender lo que está ocurriendo a su alrededor. Aunque los científicos aún no lo han podido comprobar, algunos piensan que los elefantes pueden sentir los infrasonidos cuando las ondas de sonido viajan por la tierra.

LLAMADO DE AYUDA

Las destrezas de comunicación ayudan a los animales más grandes de la Tierra a sobrevivir en la naturaleza. Pero ni siquiera estas destrezas pueden salvar a los elefantes de la **extinción.**

En 1997, la población de elefantes africanos era de aproximadamente de 500.000. Puede parecer mucho, pero había 1,3 millones de elefantes africanos en 1979. Más de la mitad de los elefantes desaparecieron en 18 años solamente.

¿Cómo sucedió esto? Los **cazadores furtivos** mataron a muchos elefantes para sacarles los colmillos de marfil, ya que el marfil se puede vender por mucho dinero.

Y una población creciente de seres humanos aniquiló el **hábitat** de grandes cantidades de elefantes para construir sus granjas y aldeas. Los elefantes que vivían en estas zonas se metieron en asentamientos humanos. Algunos elefantes se comían los cultivos valiosos, y los granjeros se enojaban y los mataban.

¿CÓMO RESPONDEREMOS?

Los conservacionistas están realizando un arduo trabajo para salvar a los elefantes. Los grupos de defensa de la vida silvestre intentan persuadir a las personas de todo el mundo para que dejen de comprar marfil.

Quienes defienden a los elefantes también están trabajando con comunidades africanas para mantener parques para que los elefantes se encuentren a salvo y no dañen los cultivos. Algunos conservacionistas tienen la esperanza de que los turistas visiten allí a estos queridos animales. Esto generaría empleos para los habitantes del lugar, quienes luego verían a los elefantes como un recurso digno de protegerse.

VOCABULARIO ✕✕✕✕✕

cazador furtivo: quien mata o toma animales ilegalmente

cría: hijo de algunos animales grandes, como ballenas y elefantes (plural: crías)

conservacionista: persona que protege los recursos naturales

espectrógrafo: máquina que traduce las ondas de sonido grabadas en imágenes.

extinción: desaparición total de una especie

hábitat: lugar donde vive algo

infrasonido: sonido tan bajo que los seres humanos no podemos oírlo.

manada: un grupo de un mismo tipo de animales que permanecen juntos

matriarca: hembra que lidera una manada

tono: nivel alto o bajo que tiene un sonido

Súper

tamaño

Los elefantes son grandes. De hecho, son los animales más grandes que viven en tierra firme. Pueden llegar a tener una altura de diez pies. También son pesados. Pueden pesar hasta 12.000 libras, o seis toneladas.

Entonces, no es una sorpresa que también tengan rasgos grandes. Esas orejas, esa trompa y esos colmillos tan grandes no están de adorno. Esos rasgos con esos súper tamaños los ayudan a sobrevivir.

OREJAS GRANDES

Los elefantes confían en todos sus sentidos. Usan sus sentidos del oído, la vista, el olfato, el tacto y el gusto. El sentido del oído es especialmente importante. Eso es porque no tienen muy buena vista.

Las grandes orejas del elefante lo ayudan a saber cuándo hay peligro cerca. Detectan pequeñísimos sonidos que anuncian un problema terrible. Por ejemplo, escuchan el crujido de las ramas cuando un león hambriento se acerca entre pastos altos.

Las grandes orejas de los elefantes también los ayudan a no perder el rastro de otros elefantes. Pueden escuchar llamadas de otros elefantes aún cuando están muy lejos.

Jamás se te hubiera ocurrido que esas grandes orejas también los ayudan a mantenerse frescos. ¿Cómo? En un clima caluroso, son como

Grandes bestias.
Los elefantes son los animales terrestres más grandes del planeta. Sus rasgos enormes ayudan a estas grandes bestias a sobrevivir.

ventiladores gigantes. Moviendo una oreja, un elefante puede abanicarse solo.

NARIZ LIMPIA

Las orejas no son el único rasgo interesante que tienen los elefantes. Su trompa también es muy útil. Los elefantes usan sus trompas para prácticamente todo lo que hacen.

Los elefantes usan la trompa para olfatear si existe algún peligro en el aire. También la usan para comer, beber, asearse y rascarse, para levantar objetos pesados y para charlar con otros elefantes. ¡Imagínate tener una nariz con la que puedes hacer todo eso!

La trompa de un elefante tiene miles de músculos. Es tan fuerte, que puede levantar árboles caídos. Pero la trompa también es muy delicada. Un elefante puede levantar un maní con la punta de su trompa y hasta pelarlo.

DIENTES FUERTES

Los elefantes necesitan tener dientes realmente fuertes. Algunos de estos dientes son para masticar. Otros, los colmillos, tienen una función totalmente distinta.

Como puedes ver, los colmillos son mucho más que unos dientes comunes. Son herramientas multifunción. Los elefantes excavan la tierra con sus colmillos. Con ellos, los elefantes arrancan la corteza de los árboles para comer un sabroso bocadillo. Los colmillos son perfectos para sacar pequeños arbustos y árboles de raíz.

Junto con los demás rasgos que tienen súper tamaño, los colmillos ayudan a los elefantes a sobrevivir en la naturaleza.

Ecosistemas
y elefantes

L os elefantes son grandes, y también es grande su impacto en el ecosistema. Un ecosistema incluye las plantas y los animales que viven cerca, del mismo modo que el aire, el agua y el suelo. Los elefantes son tan grandes que pueden modificar su ecosistema.

GRANDES ANIMALES CON GRANDES FUNCIONES

¿Sabías que los elefantes pueden cambiar la forma del terreno? ¿Cómo lo hacen? Simplemente caminando y comiendo.

Imagina que estás en una pradera. ¡Mira! Pasa una manada de elefantes. Se dirigen hacia un abrevadero. Hay muchos elefantes. Sus patas forman caminos en el pasto.

Los elefantes tienen un gran apetito. Mientras caminan, se detienen para arrancar bocanadas de pasto. A veces, derriban árboles pequeños. Mastican ramas, hojas y raíces.

Pueden parecer destructivos. Pero sin los elefantes, la pradera quedaría cubierta totalmente de árboles. Entonces los elefantes mejoran la salud de las praderas.

TAMBIÉN SELVAS SANAS

Algunos elefantes viven en la selva. Ayudan a que la selva también se mantenga sana. Forman senderos entre las plantas. Forman claros en los bosques.

¿Ves al elefante descortezando el árbol con sus colmillos? Este árbol morirá sin su corteza. Cuando se caiga, se formará un pequeño claro. La luz solar llegará al suelo. Comenzarán a crecer árboles nuevos. Los animales más pequeños encontrarán un nuevo hogar.

Esto ayuda a mantener la selva fuerte. Ese es uno de los modos en los que los elefantes cambian el mundo.

Cambiando el terreno.
Los elefantes son grandes bestias. Tienen un gran impacto en los lugares donde viven.

Gigantes de la pradera.
Los elefantes tienen la función de
mantener sana la pradera.

Limpiando el camino.
Un elefante usa sus colmillos para
formar un claro en la selva.

LOS ELEFANTES EN ÁFRICA

EUROPA

ASIA

ÁFRICA

del Rift

Río Nilo

Río Nilo

A

R

A

H

A

S

MONTAÑAS ATLAS

Río Congo

Río Níger

OCÉANO ATLÁNTICO

OCÉANO
ÍNDICO

MADAGASCAR

Lago
Victoria

El Gran

Lago
Malawi

Lago
Tanganica

Río Zambeze

DESIERTO DE
KALAHARI

DRAKENSBERG

N
E
O
S

La mayor parte de África está formada por tierras altas y planas. Hay pocas montañas. Los desiertos cubren los extremos del norte y del sur del continente. La selva tropical crece en la zona del ecuador. Las praderas llamadas sabanas cubren la mayor parte del resto del territorio.

Población de elefantes

No estamos seguros de cuántos elefantes viven en África. Para los seres humanos, es difícil recorrer las espesas tierras vírgenes para encontrar a los animales. Las cuentas que hacemos son aproximadas o estimadas. En estas aproximaciones se incluyen la cantidad de elefantes que identifica la gente desde la tierra y el aire. Algunos de los cálculos son resultado de los senderos y otras pistas que dejan los elefantes.

Preguntas

1. Observa el mapa. ¿En qué regiones de territorio vive la mayoría de los elefantes africanos?

2. Observa el siguiente cuadro de población. ¿En qué zona de África son menos precisos los conteos de elefantes? ¿Cuál piensas que es la razón?

Zona	Con seguridad esta cantidad	Probablemente esta cantidad más	Posiblemente esta cantidad más
África central	7.320	81.657	128.648
África oriental	90.292	16.707	20.190
África meridional	170.120	16.382	34.660
África occidental	2.771	1.282	5.024

Fuente: Unión Internacional para la Conservación de la Naturaleza y los Recursos Naturales / Grupo especialista en elefantes africanos, 1997

Elefantes

Responde las siguientes preguntas para evaluar lo que has aprendido sobre los elefantes.

1 ¿Qué pueden decirse los elefantes unos a otros?

2 ¿Qué partes del elefante lo ayudan a sobrevivir en su medio ambiente?

3 ¿De qué manera amenaza la gente a los elefantes?

4 ¿Qué clase de actividad que realizan los elefantes puede causar problemas a los granjeros?

5 Si los elefantes se extinguieran, ¿cómo cambiaría su ecosistema?